Puentes
de ida y vuelta
tejidos con hilos de oro

AF277329

Puentes de ida y vuelta tejidos con hilos de oro

© Del texto: Inma Colorado Lluch
© De la portada e ilustraciones: Sara Casabella González
© De esta edición: NPQ Editores
www.npqeditores.com
edicion@npqeditores.com

Primera edición: diciembre, 2024
Impreso en España

Los papeles que usamos son ecológicos, libres de cloro y proceden de bosques gestionados de manera eficiente.

ISBN: 978-84-10453-31-9
Depósito legal: V-4144-2024

Puentes
de ida y vuelta
tejidos con hilos de oro

INMA COLORADO LLUCH

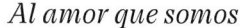

Al amor que somos

Agradecimientos

Gracias a las personas que forman parte de estos puentes.

Gracias a Sara Casabella por las maravillosas ilustraciones de mis libros. Gracias a Paz Gómez y a Inma Arteche por ser parte activa de, entre otras cosas, mi proceso de comprensión. Gracias a Paz Villar por sus lecturas y correcciones.

Gracias a todas las personas que confían en mí, en mi potencial, en mi creatividad y en mi capacidad de ayudar y transformar a través de las palabras.

Gracias a ti que lees estas líneas.

PREFACIO

Querida lectora, querido lector:

Este libro al que te asomas está hecho de puentes, sueños y metáforas.

¿Te preguntaste alguna vez cuál es la fuerza invisible que teje y sostiene los hilos de la vida y de las personas que hay en ella? ¿Qué hace que nos relacionemos con unas personas y no con otras? Una relación puede ser vista como un camino invisible que recorremos cuando nos acercamos a una persona, o que esta recorre cuando se acerca a nosotros. Es como un puente de ida y vuelta. El puente que yo transito hacia ti, seguramente será percibido como distinto al que tú ves cuando vienes hacia mí, ni siquiera exacto en número de encuentros, a veces, solo imaginados. Pero, aunque distinto en colores y matices del decorado, posiblemente sea común en robustez o debilidad. ¿Cuántas veces cruzamos por ese puente? Tal vez es un puente de poca frecuencia o tal vez de alta frecuencia. ¿Quién recorre el camino hacia el otro más a menudo? Las emociones y los tiempos que me permito en él formarán parte de la definición de la salud de ese nexo invisible de unión que, aunque a veces pareciera un cruce polvoriento, transitado varias veces se estructura en un puente invisible.

¿Por cuántos puentes transitaste?
¿Cuáles se rompieron o abandonaste y cuáles todavía no?
¿Cuántos son fuertes como un roble? ¿Cuáles se llenan de risas?

Bajo estos enigmas sobre las conexiones que se establecen con las personas de nuestra vida nace este libro como resultado de un proceso de autodescubrimiento ofrecido, tejido entre metáforas y sueños con hilos que parten de algún lugar entre el alma y el corazón.

En cada relación importante en la que nos sentimos distintos, nos estamos experimentando de manera diferente, vivimos una faceta distinta de nosotros mismos y, explorar esa conexión, destapa el sueño del alma en ella y una parte de lo que somos, así como los regalos que esta nos ofrece al habitarla.

Iniciar para mí esta aventura de exploración interna me producía tanto entusiasmo como miedo, pues temía descubrir que las relaciones con las personas sobre las iba a explorar la conexión no eran lo que yo pensaba y tal vez nunca iban a volver a ser las mismas. Pero la idea poder estar viviendo en una falsedad en una de mis relaciones relevantes me dio a la vez un fuerte impulso para averiguar los nexos verdaderos que nos unían. Decidí pues, para cada una de estas relaciones, visualizar un puente. Este me mostraría elementos clave sobre cómo nos movíamos en nuestra vida.

Te ofrezco algunos de estos puentes. Cada uno ha sido creado después de una meditación silenciosa dirigida a conectar con una persona determinada. Te invito a leerlo en el silencio que fue creado para que te ayude a entrar en tu propio mundo interior.

"La metáfora impregna la vida cotidiana,
no solamente el lenguaje,
sino también el pensamiento y la acción."
Lakoff y Johnson (1980). Metáforas de la vida cotidiana.

En cada puente, cabe imaginar cómo es el suelo, si existe, cómo es el ambiente, si hay asfalto, plantas, humo, fricción o calidez. Tanto podemos imaginar como sensaciones recibimos al transitar ese puente entre los dos. A veces no encontramos una palabra para esas sensaciones, pero el mismo sentimiento puede conectarse con otro paisaje, con otro lugar que evoca a ese tipo de sentir, donde las imágenes son de una realidad distinta, de un presente paralelo a nuestra realidad de ojos abiertos y, desde un mundo casi de ensoñación, surge una palabra distinta que describe nuestra emoción fielmente.

De eso están hechos los puentes que vas a encontrar. Cada uno está construido de emociones visionadas del mundo de la metáfora. Después de todo, la realidad es una percepción y la metáfora nos permite describir la experiencia que sentimos. Lo que nos parece verdad es tan solo un punto de vista sesgado, dependiente de cómo nos sentimos, de cómo pensamos y desde donde miramos. Desde ahí, construimos nuestra vida y nuestros sueños.

Tras esta página, se abren 17 puentes a explorar. Podrás sentirlos a través de sus metáforas y, si te apetece profundizar, juega a reconocer con quién recorres cada uno de ellos, si construiste puentes similares u otros muy distintos. Encontrarás el título de cada puente al final de cada uno y en formato de espejo, para que no te condicione a la hora de recorrerlo.

¿Qué tipo de relación y de amor hay en cada uno de estos puentes? Para mí, el tipo de amor que existe en una relación tiene que ver con el modo de habitar la conexión, cuando esta es habitable. Por lo que, siente y habita la conexión que te propongo y responde a las preguntas de introspección que encontrarás después de cada puente para desgranar algo más cómo son las conexiones construidas en él. Tal vez incluso descubras sueños cumplidos no soñados y los triunfos que acarician la plenitud del corazón.

Para que conectes mejor con la esencia de cada puente, te invitaré a relajar la mente y dejarla libre dentro de una fábula intensa, salvaje, consciente y fugaz. Si te abres a ella, esta te ofrecerá un desenlace propio para ese puente, solo para ti, dándote un mensaje distinto cada vez que la visites.

Atrévete a adentrarte en los puentes de ida y vuelta de la vida.

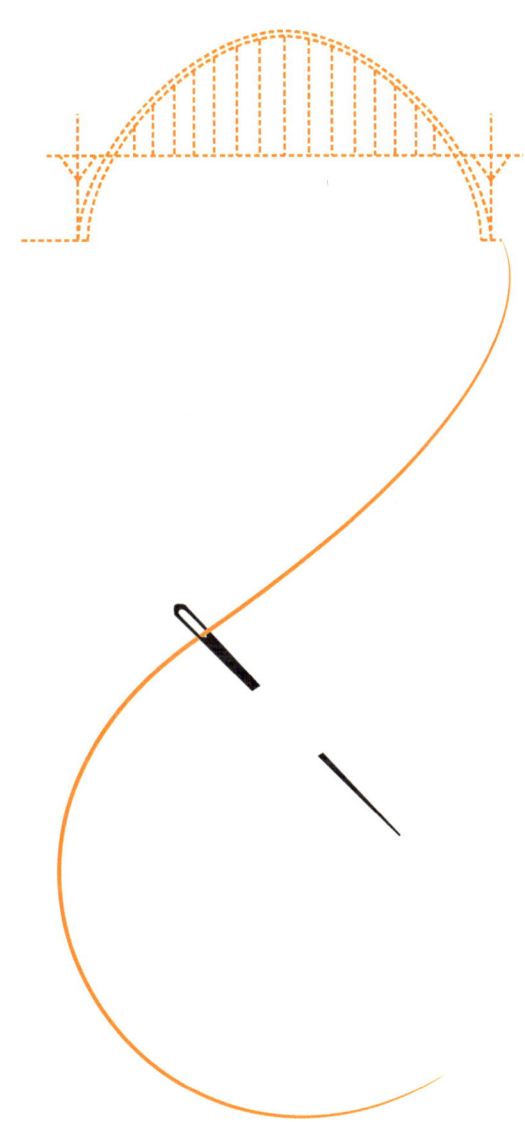

1

Voy por las cuerdas de un puente
de madera,
sin peldaños,
así de medio lado,
y vuelvo por una liana.
Al llegar a mi casa,
subo trepando por esa cuerda
áspera y seca,
quedando exhausta, me tumbo,
mirando la nada

¿Quién sostiene este puente?

¿Qué es lo que te haría volver a cruzar?

¿De qué manera disfrutas la experiencia en este puente?

Con frecuencia, deseo que mis relaciones sean fáciles y armoniosas, pero no todos los puentes que construimos son dichosos. ¿Reconoces este puente en alguna de tus relaciones? ¿Cómo lo percibes? Cada cuál siente de forma diferente, por lo que tal vez para ti podría ser una aventura agradable que te llene de adrenalina y te guste cruzar con frecuencia. Para mí es distinto. Incluso reduciría la frecuencia a un cero discontinuo, como un hola y adiós, como un desde dónde volvería a empezar sin fuerzas ni ganas. Sin embargo, me va dejando aprendizajes de superación, pues siempre ha sido una invitación forzosa a atravesar los miedos más oscuros.

¿Cuántos puentes llevaremos colgando? ¿Cuántas cuerdas de puentes destrozados?

En relaciones como esta me saltan extremos de una sola dirección: un amor en fidelidad impuesta, obediencia, estar a merced de la voluntad del otro, alerta por la parte de la fidelidad que inicia en la propia voluntad, cuidado y respeto a otro. ¿Cuántas veces nos habremos roto por dentro al cruzar este puente? ¿Dónde quedaron nuestros sueños compartidos?

"Me atormenta tu amor que no me hace de puente, porque un puente no se sostiene de un solo lado."
Julio Cortázar (1963). Rayuela.

Te invito a trasladarte ahora al mundo de las fábulas, dónde la mente suele sentirse más libre para abrirse. En él, verás a una loba que me da un mensaje de protección, prudencia y me acompaña a cruzar el puente. Al volver, la osa me abraza y me habla de resiliencia, añadiendo: "Te apegas a unos cambios no posibles porque no dependen de ti. Cuida de tus emociones." El león me mira en la distancia, simplemente se sienta y me mira sin juicio y sin querer opinar. En breve, va a pasarse el halcón para preguntarte a ti por este puente. Toma una respiración profunda y cierra los ojos. *¿Qué te preguntó?*

2

Volveré.
Sé que volveré a cruzar este puente.
Está en el aire y el mismo aire me
lleva hacia él.
Invisible
y siempre móvil,
aparece precedido por una sensación
de frescura que invade desde la
base de mi nariz hasta el centro de
mi cabeza a la misma vez. Transito
elevada sobre el aire de agua cristalina.

Volví.
Volví a tocar tu burbuja
transparente con la mía.
Sostenidas,
en el mismo éter,
nos miramos de frente y
sorprendentemente desde un no-
ángulo reflejado en todas partes.
Visión completa que sobrecoge mis
sentidos inexplorados.

Respiro profundo hacia adentro y,
al soltar, sigues estando, pero
en el puente
ya no me encuentro.

Solo la sensación del éter en la base
de mi nariz,
ya sin agua,
ya en el suelo.
En mi mano, una semilla de luz,
que activada me enamora
y germina guardada en el centro de
mi corazón.

Volverás.
Cruzarás el puente intermitente para
deleitarte sonriente de las
luces brotadas,
crecientes e incandescentes.
Tesoros agradecidos que te persiguen
unos instantes
hasta seguir su camino,
hasta, seguras,
volver a encontrarte.

El puente móvil reaparece y cruzo
de nuevo,
burbujeante,
donde habitas sin esperarme,
sin sorprenderte,
siempre despierta, generosa, cercana
y consciente.

PUENTE DE SEMILLAS DE LUZ

PUENTE DE SEMILLAS DE LUZ

¿Te recuerda este puente a alguna de tus relaciones?
¿Qué semillas germinaron?
¿Con qué frecuencia aparece?

Esta conexión me deja vivencias hermosas. Aquí aprendí a disfrutar del amor compartido por la creatividad y los nuevos inicios, asentando la certeza de que ese tipo de amor puede ser compartido de forma genuina y que hay un amor atemporal bondadoso que, además, permanece conectado al espíritu. Una combinación especialmente nutritiva que ayuda a florecer y donde empiezan a sanar heridas espontáneamente.

Este puente me conecta con las palabras: inspirar, alegría, gozo, salud, crecimiento. ¿Con cuáles te conecta a ti?

Cuando iniciamos nuevos proyectos, estamos aterrizando nuestros sueños, los hacemos tangibles. Me parece cada vez más claro que nuestros grandes sueños permanecen detrás de nuestros miedos más oscuros. Liberar miedos, abrazarlos y superarnos nos augura soñar nuevos sueños, aunque nos parezca que estemos rotos por dentro. Tal vez, pocas más opciones nos queden si no queremos despertar sumidos en una densa depresión, que, sospecho, no sea más que una profunda desconexión del espíritu, o de lo que otros llaman mundo interior.

El mundo exterior nos reclama mucha atención pero, ¿cómo es para ti visitar tu mundo interior? ¿Te resulta cómodo escucharte? Allí dentro permanecen nuestros sueños, esperando a ser descubiertos y vividos. Aprender a soñar y a germinar semillas es el as de los triunfos.

Cuando los sueños quieren alzar el vuelo y aparecen regalos para acompañarlos.

Vayamos ahora al mundo de las fábulas, para que dejes ahí libre la mente. Acércate a un claro y descubrirás a una loba que baila y brinca, celebrando, incansable, siempre dispuesta, dueña de sus silencios pero rebosante de emociones expuestas. Una tigresa se asoma curiosa, algo recelosa por no comprender qué ocurre y chismorrea con un chimpancé. La osa se acerca con sabias palabras y se une a celebrar conmigo y a cuidar las semillas brotadas: "yo seré la tierra firme para tus brotes alados". El león observa, cercano, y, en este momento, quiere lanzarte una pregunta sobre este puente, así que, cierra los ojos y toma una respiración profunda. *¿Qué te preguntó?*

3

¿Por qué cruzas por lo hondo si
allí adelante no cubre el agua
tus tobillos?
Guerrera desafiante sin escudo,
alma antigua, me ofreces un puente
de manos abiertas y brazos cruzados.
Soberana en tu trono,
te encuentro.
Sin poder, más que sin querer
disimular que te caigo bien,
tu sonrisa irónica y cómplice me
invita a mirar los adoquines dorados
de un éxito pasado, presente y futuro,
no buscado,
no encontrado,
perteneciente al propio camino que
ahora pisamos.
Leo la espera de una pregunta en
tus ojos
y te desafío a que me concedas
sin preguntar.
Pero tus labios
están sellados de preguntas
y rebosantes de respuestas.
Leo la pregunta en tus ojos
y te vuelvo a retar en mis silencios.
¿A qué jugamos alma guerrera?

3

A sostener la mirada mientras me
nutro de tus secretos y te deleitas de
mi incansable fortaleza.
Un muro de acción frente a un trono
se contemplan.
Admiración simultánea sostenida.
Cuando, por fin, pregunto:
¿Dónde está el aire?
Y en mi mente recibo:
Tú,
tan solo,
respira.

Entiendo.
En el vacío no hay sonido.
Y tras el aire de la respiración,
carcajadas hacen añicos
tanto el trono,
como el muro.

¿Pasaste tú por este puente?
¿Te recuerda a alguna de tus relaciones?

El éxito y la admiración se entrelazan frecuentemente. La admiración, para mí, tiene que ver con amar la luz de otra persona, estando en su propia luz o resurgiendo de sus sombras. Aunque admirar y acompañarse en el éxito parece un camino lleno de satisfacciones, contiene momentos agridulces, como en los que aprendí que el camino que parece acompañado tiene a veces un compromiso solo con uno mismo, de uno o de ambos lados. Se trata entonces de caminos paralelos que realmente ni se cruzan ni terminan de apoyarse verdaderamente, por lo que nos convertimos, más bien, en testigos uno del camino del otro y nos retamos.

Aun así, en este camino donde cada uno tiene su propio brillo, no cabe eclipsar al otro y la admiración se sostiene con cierta complicidad. ¿Cómo es para ti el brillo de un éxito?

Cuando nos dirigimos hacia metas concretas, para impulsamos, a veces ponemos peso a los resultados como "excusa" para ir a por ellos, primero de manera consciente y luego inconscientemente. Unas veces, son expectativas, otras, nuevos retos o sueños. Al hacer esto, a veces pesa demasiado lo que vamos añadiendo, resta fuerza y lastra antes de conseguir llegar a alguna parte. ¿Has sentido algo así en alguna de tus metas o en alguna de tus relaciones?

Tengo un día raro, en una rareza conocida.
Algo pasa.

Abre la mente y visualízate en el mundo de las fábulas, donde un caballo elegante y dispuesto te invita a subir a su lomo. El león os acompaña con sus pasos sigilosos y seguros. El halo de invencibilidad que se respira augura un triunfo. La liebre se adelanta del otro lado para decirte que prepares tus respuestas y desaparece igual de veloz. Un elefante majestuoso aparece en el horizonte y sabes que se acerca hacia ti. Te va a revelar uno de sus secretos, así que cierra los ojos y respira profundamente. *¿Qué te dice?*

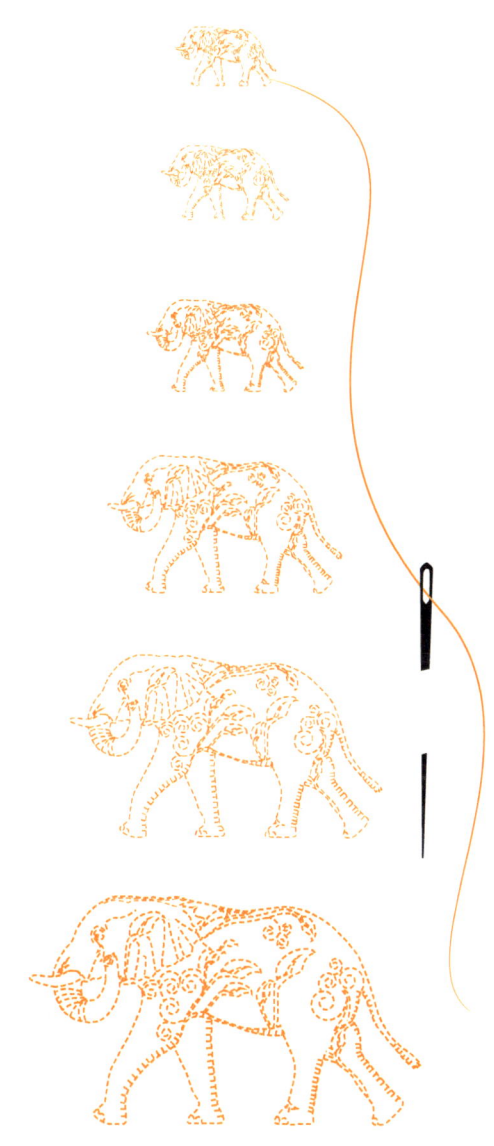

4

Mientras avanzo, salpico de luces
vainilla los edificios en penumbra
de este sendero ancho.
Me importa el camino que no sé
adónde me lleva, más que adivinar el
uso del entorno que me rodea,
y cruzo largas avenidas con la certeza
de que este no es mi destino.
Puedo escuchar el eco de mis
pasos avanzando,
siempre adelante.
Pero mis pasos no suenan,
por lo que, tal vez, es alguien que
observa en un camino paralelo.
Caminos de ojos cerrados y
corazones esperanzados,
que no son destino,
pero son de vuelta y,
entre giro y te miro,
también son de inicio.

Escucho de nuevo sonar los pasos
de quien guarda estos caminos
de vuelta e inicio,
siempre adelante,
diariamente deleitándose por las
sonrisas de soñadores que, sin
embargo, no le atrapan.

4

Testigo de encuentros tardíos,
algunos de tiempos irreparables,
pero tú, guardiana, sonríes satisfecha
a los caminos y a
los soñadores,
pues la complicidad entre tu rostro y
tu andar revela,
que hace mucho tiempo que tu
corazón vive cada día su sueño.

Te descubro mirándome y una
amplia sonrisa nos complace en el
silencio de un ruidoso ambiente,
en el que me invitas a
permanecer inmóvil,
sintiendo los sueños que se
escuchan en el aire,
chocando por todas partes,
esperando encontrar una pista de
aterrizaje en un corazón de ojos
abiertos y manos entusiastas.

Tú, guardiana,
que me miraste y acompasaste
mis pasos,
ahora tú,
conoces también mis sueños y,

me conmuevo,
agradecida,
de que los abraces en el aire.

EL PUENTE DE LOS SUEÑOS

¿Conoces a la guardiana?

¿Te recuerda el ambiente a algún lugar?

Hay ciudades que huelen a sueños mucho más que otras. Pongamos que hablo de Madrid, como escribió Joaquín Sabina. También otras grandes y emblemáticas como Londres, Paris, Atenas y un largo etcétera. Tan anchas y apretadas como el volumen de sus sueños. Tantas humean sueños cada día y no son destino de quienes las visitan. Resulta encantador encontrar a alguien que te cuente que allí encontró su sueño y siente su corazón tranquilo cada día, en esa ciudad, ya durante años. Sin duda, existen los sueños cumplidos sostenidos. A ti, ¿cuál es la ciudad que más te huele a sueños?

En este puente, aprendí que algunos sueños están destinados a cumplirse y otros no. También que hay que seguir soñando con los ojos abiertos y sonreír a las oportunidades del camino, pues incluso nos trae sueños cumplidos que no pensamos ni siquiera haber soñado para nosotros.

"...
el vivir sólo es soñar,
y la experiencia me enseña
que el hombre que vive sueña
lo que es hasta despertar.

...

¡Que hay quien intente reinar
viendo que ha de despertar
en el sueño de la muerte!

Te invito a abrir la mente de la mano del mundo de las fábulas. Respira profundamente y despierta tus sentidos. En un ángulo de visión amplio, verás que el león camina a mi lado y la loba espera sentada aullando a la luna en lo alto de una colina. Una brisa se adelanta a mi paso trayendo pequeñas hojas y un mensaje que silva en el aire proveniente de un tiempo futuro cercano que acaba de visitar un águila real. El león me mira y sonríe, pues él ya escuchó el mensaje y las palabras se hacen cada vez más claras dentro del sonido de la brisa. Siendo ya casi perceptible a tu oído, se adelanta una golondrina que grita el mensaje. Toma una respiración profunda y cierra los ojos. *¿De qué se trata?*

5

Una robusta estructura de acero se
alza ante mis ojos.
Alta, de túbulos cilíndricos,
algunos gruesos, algunos finos.
Me adentro tranquila a caminar por
ella y,
aunque sin suelo,
me sostengo.
Ya en el centro del puente de acero,
cristal diamante percibo bajo mis pies
y ahí te veo.
Cercanas
y emanando centenas de arcoíris,
cuyos rayos refractan en la pared fina
transparente que nos separa,
alargo mis manos sin encontrar el
pomo de la puerta que abra el muro.

Dime qué sueñas para llegar hasta ti
soñando el mismo sueño,
pues la distancia desde aquí
parece corta,
pero el tiempo de los años pasa y
nunca accedo.
Nos acompañamos sin
acompañarnos,
sin embargo, nos miramos y

5

pareciera que es el mismo aire el
que respiramos.
Vuelvo por el mismo camino sin
cruzar el puente,
nostálgica de dudar si habito la
conexión suficiente,
pues al volver de frente sobre mis pasos,
mi corazón se asoma entre las alas de
mis escápulas
para intentar hacer llegar un "hola"
en lugar de un, tal vez, "hasta mañana".

Dime qué sueñas para llegar hasta ti
soñando el mismo sueño,
para cruzar otro puente que no sea
de diamante y de acero,
pues intentando que no me cale
este frío
me cansa el latir deprisa e intenso,
y no te vivo,
te pierdo cada día, cada semana,
aunque, sin embargo, te veo.
Aprendí a amar este puente que me
acerca hasta ti, aunque no
lo suficiente.
Hasta el punto de que no sé
si me falta amar mejor el diamante

cristal o,
simplemente, soñar en otro
sueño diferente.
Me apego a este puente centenario
robusto, fuerte, imponente,
en el que me sé, segura, que volveré
a verte.
Habitemos otro arcoíris,
construyamos otro puente.

Dime qué sueñas para soñar contigo
en otro ambiente,
más cálido, más tibio,
donde poder escuchar tus
palabras secretas
y guardarlas entre letras,
de un armario abierto con
muchas puertas,
para dejar que las luces refractadas
ahora invadan y se expandan,
respiren en libertad,
en un camino abierto de puente
continuo y de circuitos que se
transforman en espadas aladas
de conciencia,
disueltas en un amor
no romántico infinito.

PUENTE DE ACERO Y DIAMANTE

PUENTE DE ACERO Y DIAMANTE

¿Te suena una estructura de acero en alguna de tus relaciones?

¿Con quién te gustaría construir otro tipo de puente?

Hay todo un universo de sueños rotos, o sueños abandonados, o sueños que esperan en caminos por los que tendríamos que dejar otros. El alejamiento de los caminos conocidos a veces pesa, además de que nos querríamos llevar a más de una persona a nuestros nuevos sueños, pero no nos acompañarán. Algunos nuevos sueños están llenos de duelos.

Construir otros puentes con las personas que nos importan no siempre es tarea fácil, sobre todo cuando el paso de los años ha fortalecido esa conexión en una estructura sólida que incluye edificios y otras estancias compartidas. Sin embargo, a veces se puede elegir otro formato de la conexión y construir, sobre otro arcoíris etéreo, otra posibilidad llena de colores nuevos, otro puente que pueda llegar a ser una realidad tangible. Mientras, en el intento, hasta puede aparecer un universo de letras que ofrezca palabras aladas, capaces de llegar a cualquier parte si abrimos las puertas.

Cuando se rompe un sueño, se desmorona un pequeño universo. Colateralmente, caen relaciones de confianza. El amor que hay en una relación puede usarse para reparar la confianza rota en un determinado momento. Cuando hay que repararla a menudo, de tantas veces, el amor también termina por romperse. Queda entonces en un abismo y en un recuerdo de cómo una vez fue. La atemporalidad de ese amor se vuelve pasado en posibilidades no manifestadas y futuro en el más allá, pero no forma parte del presente.

> *No solemos elegir conscientemente el papel que representamos para el otro en sus aprendizajes.*

Visitemos ahora el mundo de las fábulas, donde algunas hadas minúsculas me sobrevuelan de medio torso hacia arriba. Parlanchinas más entre ellas que conmigo, soplan hechizos sobre el oso y la loba para que queden dormidos. Una urraca posada sobre la puerta principal anuncia catástrofes venideras urdidas entre las sombras de hechiceros astutos del reino. Gatos en celo pavonean sus colas vistiendo plumajes más cortos que su propio pelo. La gaviota aterriza, dispuesta a llevarse un pedazo de todo aquello, cuando enseguida se percata de que realmente no hay restos. Se pregunta de dónde viene ese brillo que parece solo nutrir a los muros y alza el vuelo de nuevo. Afuera, en la tierra cercana a una de las entradas, alza la vista un unicornio tricolor. Espera una señal para tomar una decisión sobre lo que ven sus ojos. Cierra los ojos y toma una respiración profunda. *¿Qué ha decidido?*

6

Verde es el sendero que me lleva hasta ti.
El musgo bajo mis pies descalzos
huele a triunfo si me acerco a ti.
No sé si corro a buscarte o huyo en
dirección contraria.
Es tan confuso buscarte,
es tan confuso encontrarte.
Es tan confuso alejarme.
Sin embargo, descanso.
Descanso bajo tu abrazo
y descanso lejos de él.
Pero el aroma del triunfo del musgo
huele bajo tus pies.
Quédate,
quédate cercano mientras duermo.
No me grites,
no me alejes de mi cuna otra vez.
Quédate,
mira mis ojos grandes cerrados
que ahora mismo no quieren ver.
Mírame,
soy tu triunfo bajo tus pies mojados,
de quien hablan las estrellas de tu
cielo nocturno y,
sin embargo, te niegas a ver.
Abre los ojos del alma y serena
tus labios
en palabras que calmen mi sed.

♂

Tengo frío y tengo sed.
Guerrero aguerrido,
no tengo espada y vine a aprender.
A aprender de los sueños de los
triunfos dormidos y hacerlos florecer.
Bajo mis pies descalzos, mis triunfos
floridos, los tuyos dormidos.
Ya no quiero correr.
Quiero quedarme a que me quieras
esta vez.
A que me acunes, a que me duermas
y a que me despiertes con calidez.
Veo llorar tus ojos de no saber.
Tierra mojada,
tierra de triunfos bajo tus pies.

Pisaré el camino descalza, humilde,
como me enseñaron tus pasos firmes
y sentenciosos.
Descalza,
la tierra me despojará de tus sentencias,
de tu dureza
y me regalará tu bondad,
pues sigo viendo el verde bajo mis pies.

¿Te recuerda este puente a alguna de tus relaciones?
¿A qué huelen los triunfos?
¿Con quién sientes a veces frío y sed?

Este puente se llena de triunfos más que de regalos intangibles y huele a superación. ¿A quién o quiénes dedicas tus triunfos?

Con cierta frecuencia toma sentido para nosotros dedicarle a alguien nuestros sueños cumplidos, a veces antes que a nosotros mismos, a veces a quienes ya no están cerca de nosotros, a veces a quien queremos superar, a veces a quien queremos que, por algún motivo, nos mire.

Algunos aprendizajes que me llevo de transitar este sendero verde, intenso en contrastes de emociones, son, por ejemplo, que algunas acciones no se llevan a cabo por miedos a no saber ni por dónde empezar, no por no querer. La voluntad a veces no es más fuerte que los miedos, pues estos pueden resultar paralizantes.

También aprendí que algunas de nuestras habilidades se hallan escondidas tras la timidez o secretos familiares. Quién sabe cuántas.

Uno de mis aprendizajes favoritos, que tal vez sea más bien una inclinación, es que son preferibles los silencios a las palabras pronunciadas con dureza, pues las palabras tienen el poder de herir, tanto como de aliviar. La vibración del sonido, ya sea en formato musical o verbal, se cuela en la permeabilidad de nuestras células.

Resulta posible pisar fuerte y humilde a la vez. La humildad no sé si la eliges o te elige, pero sé que es una buena compañera cuando la autoestima ocupa el lugar del centro sin intentar gobernar en él.

Dejarse mecer por la vida, encontrar el abrazo.

Liberemos la mente de nuevo en el mundo de las fábulas. Amplia tu respiración y despierta tu intuición. En el espacio que se abre ante ti la loba camina inseparable y silenciosa a mi lado, sosteniendo los pasos más agotadores del sendero. El oso observa todo desde lo alto de una montaña y me pide que levante la mirada y contemple mejores paisajes. El halcón se encuentra al lado del oso, simplemente esperando o sobrevolando el área. También la liebre me espera en la montaña. Cuando el fénix cruce veloz el cielo de donde me encuentro, deberé correr con la loba hacia lo alto de la montaña. El cielo está rojo y no sé si es la señal de que va llegando el momento. Pronto va a aparecer una respuesta para ti sobre este sendero, cierra los ojos y toma una respiración profunda. *¿Qué supiste?*

7

Tac, tac, tac, tac.
La pauta temporal del péndulo de
Newton me abre la puerta a un
mundo de misterios.
Te veo, sonriéndome,
subida a la última esfera
del extremo opuesto al que
me encuentro,
asida a su cuerda
como en un balanceo triunfante en el
ritmo que nos lleva.
No sé si el impulso parte de ti,
de una inercia que ya estaba aquí,
o de una magia que nace de la
intención conjunta de explorar
nuestras mentes.

Tac, tac,
estar y no estar.
Tac, tac,
sentir y admirar.

La precisión del metal conecta
nuestro tempo
y saltamos al centro para provocar
un encuentro.

7

Aunque, en este puente del
mundo sabemos
que debemos volver pronto
como guardianas de los extremos.
Ni siquiera nos pertenece la energía
que nos mueve,
pues del vacío infinito aparece.

Tac, tac,
estar y no estar.
Tac, tac,
llegar y marchar.

EQUILIBRIO

¿Visitaste alguna vez este puente?
¿Qué te invita a explorar?

Las mentes precisas aprenden con dureza a permitirse el error, la misma dureza con la se autoexigen. Pero, la propia precisión que les ha llevado a cultivar la reflexión y el vaivén de las circunstancias temporales, les hace flexionar las ideas de perfección y, a menudo, se deleitan de la belleza que surge de una composición de imperfecciones naturales ordenadas casi al azar.

Las pasiones de las letras se me funden con las de los números, que estuvieron durante bastantes años mucho más intensas. El equilibrio y la estructura subyacen en común en ellas dos, un equilibrio que, en mí, nace desde la ciencia, desde la exploración de una curiosidad con cierta seguridad. Sobre este camino de base científica, uno de los regalos ha sido una relación en equilibrio como la descrita en el puente, de más de veinticinco años, donde el respeto, el apoyo y la admiración se sostienen en los diferentes planos y los encuentros son fugaces por las circunstancias de nuestras responsabilidades.

Este puente me ha enseñado que, en conexiones atemporales, la alegría de reconectar y la calidad del momento eclipsan la cuantía del tiempo. También aprendí que existe un tipo de familia sin consanguinidad, comprometida con aparecer mágicamente cuando te caes y sostenerte sin que se lo pidas.

Dentro de los sueños cumplidos aparentemente no soñados, este es uno de los triunfos que tocan la plenitud del corazón.

La felicidad consiste en permitirse,
a nivel interior, disfrutar y celebrar
las cosas buenas que nos pasan.

Déjame llevarte de nuevo al mundo de las fábulas, donde puedes convertir en ondas transparentes las estructuras mentales. Sopla levemente en una respiración que alivie cualquier tensión y entremos. Ahí te cuento que dos águilas reales confluyen la mirada desde lo alto de los confines de sus mundos. En breve, cada una se lanzará en picado hacia el fondo de un valle, certeras de que el viento susurrará palabras apenas inaudibles que guiarán sus pasos. Tras lanzarse y cruzar los tres primeros kilómetros, llega el primer aviso del viento. Cierra los ojos y toma una respiración profunda. *¿De qué se trata?*

8

Nada más cerrar los ojos
aparecen símbolos como estrellas
luminosas y centelleantes
en un cielo negro azabache,
acercándose y alejándose.
Con sus guiños me seducen
y sonrío.
Me llena una sensación que me abre
el pecho y,
llevando los brazos de palmas
abiertas hacia atrás,
intento tocar los símbolos con mi alma
y me descubro deseando que me
eleven hasta allí.
Entregada,
un haz de luz blanca aparece delante y,
con los ojos abiertos,
extiendo lentamente las palmas
para abrazarlo.
¿Qué tipo de infinito bajó hasta
mis manos?
Tan intangible como imperdible.
Mi interior se complace de rozar
los tesoros
que a veces se esconden durante
años o incluso milenios,
los que, siempre eternos,
declaran que nada está perdido.

8

Avanzo y cierro los ojos al baño de luz,
que me recuerda al despedirse
que me espera sin prisas
y que soy bienvenida cuando quiera.
Un tipo de amor invade todas
mis células
y conmueve mis emociones,
reconfortante calor para un
corazón encendido,
activa mi fuerza desde dentro
mientras pareciera que me derrito.
Ahora soy también el agua que brota
de roca de una alta montaña
y me paseo por los ríos,
jugando a descubrir los enigmas
con los códigos de mis dedos.

Fluyo y,
me quedaría bajo esa respiración que
sueña algún día con llegar hasta el mar,
pero, un pequeño estirón me reclama
y me hace recordar
que también existen los lagos y
los estanques
y los charcos embarrados
donde probar, de un modo distinto,
los códigos prestados de un infinito.

¿A ti quién te estira para recordarte charcos embarrados? ¿Adónde te transporta el baño de luz?

Acabas de asomarte a la infinitud que me conecta con un universo matemático tan teórico como práctico, aunque, posiblemente, te habrás podido percatar de que también aplica a un universo de letras, o de música, o de cualquier otra disciplina que se viva con pasión. A ti, ¿qué te conecta con el infinito?

Este puente en forma de haz de luz blanca ha estado lleno de pequeñas satisfacciones internas casi imposibles de compartir, pero que me llevan a un orden y a una conciencia global y particular aplicables a todos los ámbitos de la vida. En él, aprendí a hacer conexiones donde el sentido común se funde con la irracionalidad y, sin embargo, que resultan tan válidas que llegan a explicar algunos fenómenos reales inconcebibles para las mentes que desean seguir cerradas. Si las matemáticas son base de la estructura del universo, tal vez sean más flexibles de lo que creemos a priori.

Si hay un triunfo que acaricia la plenitud del espíritu, es para mí la conexión con el infinito: ahí donde habitan todas las posibilidades, el fluir es inmenso y no existe el tiempo, donde las montañas y los valles se tocan la mano al mismo nivel, donde no hay calor, ni frío, ni templado, ni rostros, ni asedio, ni siquiera perfección, donde todo, sólo es.

*Lo intangible se vuelve presente
en el momento oportuno.*

Si me acompañas a liberar la mente en el mundo de las fábulas, podrás observar como la osa se sienta a contemplar mi epifanía, mientras el león se pasea vigilante y como esperando algo. Sus rugidos me conectan a la tierra que piso. Allá donde el halcón no alcanza mi vuelo, me presta sus ojos para ver los 360 ángulos desde donde me encuentro. La loba, rompiendo su silencio, aúlla a una luna nueva pidiendo mi regreso. Una serpiente cruza la espera y pregunta curiosa: ¿a quién guardáis? Mientras esta se aleja siguiendo su propio camino, se va acercando una tortuga para preguntarte por este puente de luz blanca. Cierra los ojos y toma una respiración profunda. *¿Qué te preguntó?*

9

Se desenrolla una ventana de
mi corazón,
casa manzana brillante bajo un
sol radiante,
en una horizontal perfecta de tablones
de un aromático y siempre fresco pino.
Raudo,
un colibrí se asoma y me hace salir y,
desde el primer paso,
inspiro el ambiente cálido y refrescante.
Me nutre esa sensación mientras
avanzo serena sin dejar mis huellas,
hasta encontrarme en una bóveda de
estrellas, como pintadas sobre un azul
intenso que llega hasta mis pies.

Me siento en el suelo,
acurrucando las rodillas y mirando
hacia arriba para contemplar los
destellos de las estrellas.
Terminando de acomodarme noto tu
espalda contra la mía
y tu cabeza ahora también se apoya.

Cierro los ojos un instante,
llenándome de esa plenitud celeste
en una respiración profunda

ϱ

y me parece notar que estás
haciendo lo mismo.
Pareciera que las estrellas llenaran
todo de un silencio parlanchín
acaparador de sueños y bellos deseos,
hasta que, en un momento,
el discurso se ha fundido en tu mente
y en la mía.
Cierro los ojos y sueño,
sin soñar contigo,
pero bajo el mismo cielo.

Mi espalda y la tuya abren miradas y
levantan el vuelo.
En marcha, hacia casa,
pienso en si habremos abierto
caminos nuevos.

¿Te recuerda este puente a alguna de tus relaciones? ¿Dónde sientes el ambiente cálido y refrescante a la vez?

Deseo que por lo menos haya en tu vida una persona con quien tengas la libertad de compartir tus sueños más locos y reírte de ello. Así como este puente, en un apoyo mutuo continuo, donde los sueños levemente se tocan entre sí, pero se acompañan fácilmente porque hay un gran lote de valores comunes. ¿Con quién sientes libertad para soñar?

Uno de los mayores placeres en una noche de mente serena y apaciguada es caer suavemente de rodillas y respirar el azul oscuro e intenso del firmamento, dejando que lo que reciben los ojos llegue directamente a la boca del estómago. Es similar a vaciar la mente y dejarse inspirar y, tan parecido a conversar con las personas con las que tienes libertad para soñar.

Puentes como este son un regalo que alegra el alma y muchos de los días nublados para la mente. Autenticidad, sonrisas sinceras y sin barreras son palabras que predominan al transitar este puente. En él descubrí que hay quien sostiene para ti una mirada de inocencia y benevolencia, tan importante para caminar con seguridad cuando metes la pata hasta el fondo y los errores merman la autoestima.

Sobre él, caí en la cuenta de que, en algunos aspectos, hay personas que te conocen mejor que tú, en lo que aprendí que hay facetas en las que resultas predecible.

Por suerte y por desgracia, esto aplica a todo tipo de puentes. En este, la bendición es que suma comodidad y complicidad.

Te espero en el próximo baile.

Visualízate en el mundo de las fábulas y sumérgete en la imagen de esta página. Un elefante, una dragona y una tortuga guardan la entrada de un manantial mágico. Dentro, bajo una cortina de agua tibia, levanto los brazos mientras, sonriente, salpico al león que yace en su base, quien se complace por mi juego. Te veo lanzarte en picado desde más arriba, pero un delfín te alcanzará en el aire para entrar contigo en el agua revolcados en un tirabuzón. Más a la izquierda aparece una liebre que nos reclama la atención y vamos veloces a ver quién llega a preguntarle primero, pues sabemos que contestará a una sola pregunta hoy. Toma una respiración profunda y cierra los ojos para formularle rápidamente la pregunta. *¿Qué contestó?*

10

El rojo de la sangre alfombra el
interior de mi cuerpo incluyendo el
blanco de mis ojos.
Mis pies están en un charco de
sangre hasta los tobillos y el rojo
se extiende a lo largo del camino
cuando miro hacia adelante.
Hacia atrás, se pierde el rojo fundido
en marrón oscuro, tal vez seco.
No te veo
y apareces al volverme hacia adelante,
suspendida en el aire sin tocar el suelo,
como aleteando sin ver yo tus alas.
Sin rasgos de humor en tu rostro
y pálida,
me entregas un puñal con el que
rasgar la parte interna de mis pies.
Dudo mientras tu mirada refleja que,
por algún motivo, no tenga opción o
sea justo,
y visualizo los cortes antes de
producirlos.
Tal vez un corte más sea demasiado
si toda esta sangre es solo mía.
Sin embargo, ya puedo sentir como
si la sangre saliera de los lados de
mis pies.

01

No sé cuánto más será suficiente,
aunque,
una fuerza me sostiene para avanzar
un tramo más,
sin ganas,
para salir de este charco.
Avanzo despacio sin apenas levantar
los pies del suelo para evitar el dolor
y consigo tocar una tierra ya menos
roja bajo mis pies.
Pero aquí, ya no estás.
Veo costras secas en el lugar de
los cortes
y mi cuerpo desnudo me muestra
más costras de heridas sin cicatrizar,
como en la cara interna de
mis antebrazos,
rasgados en canal.
Rozo con mis dedos,
rugoso y medio cicatrizado,
el medio horizontal de mi pecho de
clavícula a clavícula y,
aunque noto el impulso,
no sé si quiero volver la vista atrás.
Deseo el charco seco
y también bañarme en él para
recuperar mi sangre.

Sin embargo, prefiero seguir con la
vista hacia adelante,
si acaso pueda generar sangre nueva
que no me dañe.
No volveré a cortar mi piel para
regalo de nadie.
Mis ojos vuelven a blanco
y el camino interior se torna
blanco luminoso.
Sangre lechosa corre ahora por mis
circuitos internos y,
cuando te encuentro,
tus pies tocan el blanco del camino
que yo genero.
Sigues sin humor en tu rostro
y te devuelvo el puñal
ofreciéndotelo por el mango
desde mi mano derecha.
Asiento levemente con la cabeza en
señal de "basta ya",
consciente de mi sacrifico
autoinfringido.
Tú, simplemente levantas el puñal
con la mano derecha y lo haces
desaparecer
en un haz de luz que se esfuma en
el aire.
Aunque te noto todavía con
cierto desdén,
ni me apetece preguntarte todo esto
para qué.

Solo quiero liberar la tristeza que me
ata a ti y gritar hasta el infinito
más oscuro
que no hay rincones más oscuros
que los de una mente atormentada
por las sombras de su propia luz.

EL CAMINO DEL SACRIFICIO

EL CAMINO DEL SACRIFICIO

¿Te recuerda este puente a alguna de tus relaciones? ¿Quién te pide que te sacrifiques en su favor?

Gracias a los apoyos de los puentes que acompañan, puede ser llevadero este camino de sacrificio. A veces, este tipo de conexiones las establecemos con personas con quienes nos unen lazos de sangre, otras no, pero siempre son sentidas como cercanas, pues suele haber implícito un seminconsciente: esto lo llevas tú, esto lo llevo yo. El reparto de destrezas y de penas no resulta fácil, pero, además, a veces asumimos responsabilidades que no nos corresponden. Para complicarlo un poco más, este camino viene aderezado de perlas envenenadas, como cuando te piden que no brilles o muestres tu luz porque puede dañar a otros.

En este camino aprendí sobre el exceso de responsabilidad en cargarse con las decisiones del otro. Afloran muchas respuestas valiosas: Elige mejor. Pon límites. Valórate tú primero. En la escucha de todas las partes eres una parte más, considera también tus necesidades. La felicidad del otro solo depende del otro. Respeta tus límites saludables. Tus habilidades y destrezas son tus herramientas para la vida, no un regalo banal que esconder de otros. Nadie te quiere más por sacrificarte por él o por ella. Las heridas pasan factura con los años y no todas las cicatrices desaparecen tan fácilmente. Algunas heridas siguen goteando.

Hay tanto silencio interior en el sacrificio.

El dolor de una herida deja atrapadas emociones como frustración, rabia, tristeza, amargura, en algunos rincones de nuestro cuerpo, de nuestros órganos o vísceras, estancadas como pequeños charcos internos que funcionan como botones resorte que hacen saltar nuestras emociones y nublan la mente. Acercarse a la comprensión, en circunstancias que confluyen en un punto de dolor, libera energías atrapadas. Muchas heridas se curan con la comprensión y el amor bondadoso a uno mismo.

Cuando una herida ya no duele, a veces, puede asomar una culpabilidad en sentido de que si no duele pareciera que ya no te importa, pero, lo que está ocurriendo en realidad, es que la herida se ha cerrado, ha sanado, y ya no gotea.

Este camino también me permitió aprender a identificar a los cuervos. Acompáñame al mundo de las fábulas y te los muestro.

En el mundo de las fábulas, los cuervos comen las vísceras de mi cuerpo abierto en canal. Tras saciar su hambre, se alejan y los tambores avanzan anunciando la llegada de cuatro espíritus que acompañarán a la hechicera. Mientras estos cosen mis heridas y mi cuerpo, la hechicera canta pidiendo por la unión de mi alma y mi cuerpo. Los tambores se funden con el cantar de los ángeles en otra esfera y ya no sé en qué plano me encuentro. "¿Quieres vivir?", escucho en un eco confuso de mi mente. Los ojos del halcón se abren en los míos y visito con ellos los abismos del mundo y las montañas más elevadas. Un chirrido fuerte me hace fijarme en una puerta semiabierta, de la que intuyo, alguien conocido se asomará para hacer otro tipo de pregunta. Toma una respiración profunda y cierra los ojos. *¿Quién era y qué preguntó?*

11

Un sendero blanco y largo se abre
ante mí.
Al pisarlo, mis zapatos se tornan
del mismo blanco y parece que
forman parte del mismo conjunto
más que combinar.
Como una alfombra siempre perfecta
de arena fina, el camino me ofrece
pasos sigilosos y confortables aunque
mis pies quieran correr.
Quiero bailar sobre esta tierra
pacífica y segura,
quiero saltar adelante y atrás.
Los límites del sendero son
tan perfectos,
que ni un solo grano de arena
invade la periferia.
No me importa que hay fuera de
este camino,
quiero avanzar con esta sensación
templada y luminosa.
Corro veloz sin cansarme
y mi cuerpo aquí es más liviano.
Corro
con la certeza de saber que voy a
encontrarte más adelante.

11

Tu sonrisa luce radiante,
tal y como la recuerdo,
de tantas veces,
de tantas vidas,
de tantos sueños,
de tantos encuentros.
Me muestras con los brazos abiertos
que acoges la amplitud de un mundo
que me da miedo.
Volverás a acompañarme un tramo
con tus risas,
tus confidencias y,
sobre todo, tu sabiduría.
Del brazo me llevas hasta un
apéndice de otro camino,
donde una cortina acuosa cambia
nuestros vestidos,
donde el suelo ya no es blanco
y un bullicio de actividades invade
el silencio.
De vuelta otra vez siento la pesadez
del cuerpo,
del día y la noche,
del primero, segundo y tercero,
de imposibles encuentros sin tiempo.
Añoro el blanco y,
sin embargo, vive en mí.

Está presente sin cerrar los ojos
y también en mis sueños,
al igual que tus risas,
tus confidencias
y tu sabiduría.
Respiro y cierro los ojos un segundo,
aliviada, reconfortada,
llena de gracias hacia ti.

¿Te recuerda este puente a alguna de tus relaciones?
¿Quién te reconforta con su sabiduría?

Sin este puente, algunos de los muchos días circulares hubieran sido simplemente insoportables. Agradecida profundamente a las experiencias y los aprendizajes que me ha permitido este sendero blanco, donde encontré un compañerismo auténtico, empezando por permitirme disfrutar de los silencios compartidos, siguiendo por dejar vivir a cada cual respetándome no querer acompañarlo y, de lo más importante, caminar evitando juzgar.

En él aprendí a saber estar en diferentes situaciones, lo que me proporcionó paz en muchos ambientes. También a que no tengo por qué estar aunque sepa cómo hacerlo, para respetarme el no traspasar el límite entre saber estar y la hipocresía. He observado cómo ese límite es cruzado con facilidad por múltiples motivos, hasta el punto de encontrar personas atrapadas en su personaje, que han llegado a confundir y fusionar la hipocresía con las habilidades sociales en un lema de: "Todo es mentira y todo es verdad y lo defenderé hasta el infinito y más allá.".

Esta conexión me llenó de paciencia hasta que me llené de ella y, aun así, todavía me falta. Así que el regalo de un buen porcentaje de la paciencia que ahora me acompaña es uno de los mayores tesoros que me llevo de transitar por este sendero blanco. Aquí, los sueños están como fundidos con la realidad, se confunden en un punto de no saber si se está en un sueño elegido, a veces pesado, a veces liviano.

Un susurro me refresca la frente y acaricia mi alma.

Relaja tu mente y acompáñame al mundo de las fábulas. En él, un pequeño dragón deambula dando vueltas en círculo por toda la casa. Gruñe y se sienta, invitado por la osa a imitar su postura, cuando una mariposa de un naranja fuego se posa sobre la punta de su nariz. Resopla, anhelando salir a un verde exterior que ahora está helado. La tortuga ni se inmuta, hibernando en el mismo rincón desde hace cuatro meses, dentro de su caparazón. Llaman a la puerta, ¡¿quién nos visita?! Con los ojos abiertos como platos, el dragón salta a la puerta y pide permiso a la osa y al murciélago para abrirla. Cierra los ojos y toma una respiración profunda. *¿Quién es?*

12

Las ondas se extienden y soy
llamada por tu voz.
Versos, más que palabras,
vuelan inatrapables por el aire.
Sin embargo, el camino se mantiene
ocupado con otras melodías,
el tuyo y el mío,
en el mismo sentido,
pero en diferente dirección.
Sinuosos son los silencios y las
miradas de nuestros encuentros,
donde no hay versos en el aire,
pero se toca la magia de la pausa
y se asoma la esperanza
de que ya sembramos las semillas
para un mundo mejor.
Los brotes internos germinados
son más parlanchines que nuestras
veladas calmadas.
¿Dónde quedaron las palabras que
pensé que quería decir?
Me buscan tus ojos solo para decirme:
"allá dónde se encuentran los versos
que no te escribí".
Retomo el camino de vuelta,
cuando ni siquiera sé si he llegado a
ir del todo,

expectante y consciente de los
brotes con conexiones
todavía inacabadas,
me pregunto si volveré,
cuando, justo antes de llegar a destino,
me invitas y me emplazas de nuevo a
cruzar nuestros caminos,
en un futuro sin fechas,
donde crearemos nuevos brotes de
silencios parlanchines.

SINUOSO Y ENIGMÁTICO
SINUOSO Y ENIGMÁTICO

¿Te recuerda este puente a alguna de tus relaciones? ¿Quién te escribe versos en el aire?

Muchas veces los sueños no son claros, ni sabes adónde te están llevando, pero te adentras en ellos porque percibes cierta seguridad y facilidad. Detrás, puede asomarse cualquier tipo de sorpresa, en este caso, una confianza serena que no parece ser de este mundo. Cuando alguien no espera nada de ti y simplemente te acepta, huele a hogar y aprendes que, aunque haya palabras que quieran ser dichas, los silencios siguen siendo cómodos en la serenidad de las miradas sin expectativas.

Aquí aprendí a recibir sin defensa, desarmada, en un interés genuino manifiesto por algo que no es nada de lo que poseo. En el transcurso de la vida encontramos sueños inesperados que creímos dejar de soñar hace mucho tiempo.

Podría parecer que roza el absurdo un ir y volver donde lo más importante sea dejar que el silencio hable, pero, el silencio, entre otras cosas, cura. Doy fe tanto en este como en otros tipos de puentes. Además, las mentes y los campos magnético-eléctricos que también somos necesitan hablarse y tienen su propio lenguaje, que no es verbal y no se escucha con el oído externo. ¿Quién dijo que la comunicación más importante en un encuentro se da en lo que se expresa con los labios? El estar no tiene voz ni prisa, tiene alma y corazón.

En este puente también aprendí que hay personas en las que la generosidad y la humanidad son características inherentes a su esencia y, por tanto, a su manera de caminar en la vida.

Te espero libre.

Sumérgete ahora en el mundo de las fábulas. Relaja tu mente y respira. Huele a leña de hogar, el león y la loba reposan, cada uno, a uno de tus lados en tu presencia y la osa se queda dando calor a mi eventual alcoba. Serenidad y libertad son los verbos que permanecen, y la tortuga se pasea, sin hibernar, por cada estancia, agradeciendo y cantando la positividad de los rincones de la casa. Veo los ojos del halcón llamándome y su mirada se fija en un arce milenario que habita en lo alto de la montaña del otro lado del mundo. El espíritu del arce se eleva por unos instantes, para ofrecerte un mensaje. Así que cierra los ojos y respira profundamente. *¿Qué te transmite?*

13

Tum.
Un sonido seco resuena en el centro
de mi pecho.
Mis manos se apresuran a acariciar
una tierra de canela intenso,
cálida, suave y fina.
Intento abrazarla y la paso de mano a
mano entre mis dedos.
Baño mis brazos y junto mi pecho
para sentir los latidos del otro lado
del suelo.
Una sola vibración,
una onda expansiva recorre la tierra
y mi cuerpo al mismo tiempo.
Ya tengo el canela,
cálido, suave e intenso
y erguida lo ofrezco.

Celebrando el regalo,
agradecida y sonriendo
me encuentro miradas de alegría y
aprecio sincero.
Sigo rozando el sonido que eleva la
tierra hasta el cielo,
que abierto, receptivo, dispuesto
y sublime
acoge el canela y baila su fuego.

13

Arde, sueña y se precipita en el aire
para fundirse en un todo infinito
que termina en silencio.
Pero no hay silencio.
Hay una onda sostenida
que no está ni fuera ni dentro,
solo existe y se diluye
para nutrir las entrañas
del alma y el cuerpo.

PUENTE SUBLIME
PUENTE SUBLIME

¿A qué te recuerda este puente?
¿A ti de qué te habla la onda sostenida?
¿Qué sonido te gusta rozar?

La música ofrece una experiencia sublime si se aprende a escuchar esos silencios entre las notas que la definen. Más, cuando se revela como una pasión y te atraviesa sin permiso. Parece caprichosa y consentida, sin embargo, resulta inevitable y precisa. La música suena en uno de mis mejores sueños.

Hay quienes saben escuchar mensajes lejanos y profundos. África y sus gentes tienen ese don natural. Cuando las profundidades de la tierra quieren ofrecer un mensaje, se ponen a bailar con el aire y, el cuerpo, que está en medio, vibra inevitablemente por dentro. Ese poder de hacer resonar los mensajes de las profundidades de la tierra en todas las células lo tiene, en mi experiencia, la percusión africana.

Sobre este puente aprendí a divertirme, a dejarme disfrutar sin usar la mente, descubriendo momentos en que estorba más que ser útil; a permitirme un tiempo sin prisas, pues además con las prisas no suena nada, al igual que cuando aparece una furia por el error.

Parece repetirse, como aliada en un patrón, que una pausa entre los momentos cotidianos equivale a ese silencio entre las notas, con el poder de inducir a un estado capaz de conectarte directamente con el mundo interior. Aunque parte de la magia no es solo permitirse la pausa, sino también pararse a escucharla.

¡Vibra silencio!

En el mundo de las fábulas, tanto la loba, como la osa, el león, el águila, todos yacen tranquilos en el suelo, en contacto con la tierra, escuchando sus latidos y sus ondas armónicas. Un topo se asoma incomodado por tanto auditorio, por si llegan a estar escuchando los latidos de su corazón, cuando, se percata, de que todos los latidos siguen un mismo ritmo que incluye al suyo. Respira, suspira, y se queda presente en el latido único sincronizado. Cada silencio despierta miradas de complicidad y las sonrisas predicen la llegada de una estrella fugaz que trae un mensaje de otra esfera. Contemplan juntos la visión y, tras pasar, las miradas se dirigen hacia el león, del que esperan confirme lo que escucharon. El león se levanta y se dirige hacia ti, antes de gritarlo para anclarlo a la tierra va a susurrártelo en el oído derecho. Cierra los ojos y toma una respiración profunda. *¿Cuál es el mensaje?*

14

Dos elásticos estrechos nos separan
y nos unen,
por lo que cuando nos buscamos,
simplemente estamos.
Todavía me sorprendo de verme en ti
y redescubrir un mundo que una vez
ya descubrí.
Infinito en posibilidades,
vuelves a escoger caminos parecidos
y distintos a la vez,
en lo que me asusto,
cuando repites,
por lo que me habré dejado
de aprender.

Deseo soplar en tus vuelos para
verte libre planear y crecer,
pero desde esta posición,
atada cercana,
siento que poco puedo hacer.
Es tan estrecho este puente que,
a veces,
en la distancia y de forma inconsciente,
comparto contigo algunas pasiones
simultáneamente.
No hay camino que recorrer cuando
nos buscamos,

14

ni miedo que sentir en lo que
desconozco de ti,
pues en mi corazón,
el tuyo late en inocencia y,
en mi expectación,
simplemente confío en ti.

¿Te recuerda este puente a alguna de tus relaciones?
¿Con quién compartes pasiones?
¿Qué redescubriste a través de otra persona?

A veces parece como si los sueños tuvieran vida propia y se manifestaran a través de diferentes personas, en diferentes épocas, tiempos, como si nunca caducaran o no se desvanecieran, como si tuvieran entidad y voluntad propias.

Es tan apasionante como inquietante verlo con tus propios sueños que, aunque a veces pierdan fuerza en ti y casi parecieran caducados, aparecen vivos en otras personas, reconociendo incluso la misma pasión inicial. En ese momento, por si no hubieras caído en la cuenta, cae como plomo una certeza de que antes de ti otros también lo soñaron. A veces parece casual y anecdótico, pero, quién sabe qué varita inspira los sueños en cada uno de nosotros. Tal vez, los sueños no caducos sean habilidades y dones que quieren ser vividos como ilimitados.

Las habilidades y pasiones compartidas en épocas asincrónicas tienen su encanto particular, suman cierta certeza de que persiguen un sueño que vale la pena soñar.

En este puente aprendí que hay lazos en los que el amor es simplemente inevitable y que, a estas alturas, me sigue resultando tan fascinante como desconocido de qué están hechos los sueños.

De ti, de mi, del mundo.

Ven conmigo al mundo de las fábulas, donde varios fueguitos encendidos acompañan nuestra conversación. El león nos mira, asomando la cabeza a través de un espejo traslúcido de agua. Dos caballos aguardan los primeros rayos de luz, serenos, en una noche cálida y estrellada. Una familia de zorros se acerca a escuchar nuestra charla sobre los caminos del cielo. Trazaremos un mapa. Nos reímos. Con el sol naciendo, la loba me avisa de que hay que partir. Es el momento de elegir la dirección a tomar. Los dos caballos están a punto de salir con nosotros en su lomo. Cierra los ojos y toma una respiración profunda. *¿Hacia dónde partirá cada uno de ellos?*

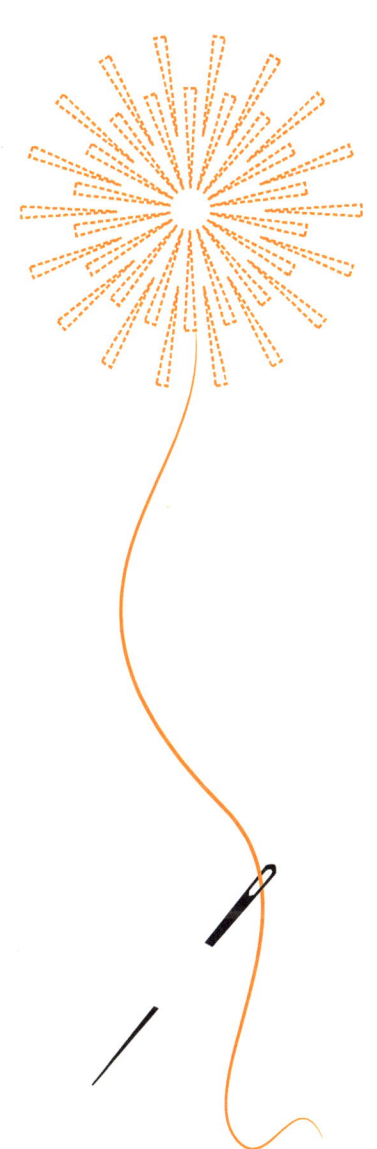

15

Tras una espiral que no sé si me
lleva o viene hacia mí,
nos miramos sobre un camino
pintado de un azul intenso perfecto.
Me pregunto de qué tipo de suelo
son estás baldosas grandes y
cuadradas que pisamos
y cuándo las pintaste.
El enigma del futuro sobre un
pasado tortuoso me atormenta
hacia el momento en qué se
produzcan las grietas.
Sin embargo, este azul y el verte
entera y sabia me calma,
pues cuando asomen las hierbas
punzantes y las espinas
no sé en qué estado andarán
mis fuerzas.
Veo el pasado y el futuro en ti al
mismo tiempo,
en un ciclo que no sé si serás capaz
de romper,
en donde, solo chispas de luz voy a
poderte ofrecer.
Te abrazo y me abrazas,
fuerte y corto,
para no levantar heridas no

cicatrizadas de algunos ojos que
nos miran,
pues sabia y cómplice te muestras
en nuestra conciencia de descubrir
heridas de otros que no se ven.
Conocedoras de los secretos de las
conexiones ancestrales,
de que, aunque no nos veamos,
los ojos del interior se
quedarán mirando,
a través de los ojos de
los antepasados,
activos y despiertos,
protegiendo caminos viejos e
hilando madejas
con las que tejerás otros nuevos.
Alas de lana,
de papel y de sueños,
que con agujas de oro
darás vida
a los anhelos de nuestros ancestros.

PUENTE ANCESTRAL
PUENTE ANCESTRAL

¿Te recuerda este puente a alguna de tus relaciones?
¿A quién proteges con sigilo?

Las personas que llegan a nuestra vida inesperadamente en un día donde todo se ha puesto del revés, sin lugar a dudas, tienen mucha luz que aportar al sistema en donde aparecen. Traen una lucecita encendida que resulta inevitable no perder de vista, pues en sus huellas brotan claves de caminos antiguos conocidos que se entrelazan. De vez en cuando, de repente te sorprenden reescogiendo un camino que parece que estuviera interiormente comprometido, repitiendo situaciones entre generaciones. Aunque en el camino de la vida pueda entreverse una libertad condicionada, hay partes que aparecerán como inevitables, tejidas entre nuestros propios sueños. Quién sabe, para esto, qué tipo de empuje y de apoyo tenemos de nuestros ancestros. Me pregunto si las bisabuelas, tejedoras de artesanías con hebras de paja, anhelaron tejer sueños con hilos de oro.

Este puente resulta un reto para la atención y la conciencia. Te regala vivencias para aceptar que no se puede huir de una elección consciente del espíritu e inconsciente para la mente, a la vez que permite brindar apoyo en livianizar el camino escogido en lugar de enfrentarse, mirar a otro lado o darse golpes contra una pared por no entender que otro escogería un camino que, para ti, es aparentemente equivocado o innecesariamente difícil. Inevitablemente, este puente augura el aprendizaje del amor incondicional.

Testigo de los hilos de oro.

En el mundo de las fábulas, sonreímos ampliamente rodeadas de decenas de animales que desean acompañarnos en esta fiesta. Las chispas de las estrellas han bajado y nos tocan continuamente, provocando risas y algunas cosquillas, cada vez más sonoras sobre todo en ardillas y chimpancés.

Cuando todo el ambiente queda impregnado de alegría, aparecen en lo alto pegasos y dragones que iluminan el firmamento y nos invitan a saltar entre sus lomos por el cielo. El juego de las sillas en pleno vuelo termina asentándonos en un dragón blanco y un pegaso de tonos dorados que nos eligen para un trayecto largo. Visitaremos otros mundos. Arrancamos a la velocidad del rayo. Cierra los ojos y toma una respiración profunda. *¿Qué es lo primero que encontramos?*

16

Con los ojos cerrados y las frentes encaradas y pegadas, siento delante la fuerza de un león que se asoma dentro de mi cabeza con el ojo abierto de la mente.

Yo me asomo a tu memoria y, desde nuestro corazón, miramos las imágenes proyectadas en lo alto de nuestras mentes conectadas, valiosa información del último camino recorrido.

Me transportas en visión a una tierra polvorienta y rocosa, donde un árbol sin sombra es lo único que se atisba en la distancia. Sé que es parte de las señales del camino. Al llegar hasta él, se abre una arboleda llena de vida. Me hiciste volver sin mostrarme el siguiente hito.

Tus ojos abiertos me miran y separamos nuestras cabezas.

Al despedirnos, te alejas, segura, por una alfombra roja y yo, expectante, por una de tonos verdes, mientras me pregunto, qué te habré mostrado yo en mi visión.

EL OJO DEL LEÓN
ΕΓ ΟꞮΟ ꓷΕΓ ΓΕΟИ

¿Quién te transporta en sus visiones?
¿Adónde llevará la alfombra roja?
¿Para qué caminar sobre alfombras?

Posiblemente conozcas a más de una persona de mente penetrante y alguna que otra de corazón transparente. Los ojos del león son como ese sol que todo lo ve y, cuando te mira con un corazón abierto, tampoco deseas esconderte. La profundidad a la que te transporta ofrece paisajes exóticos para los sentidos. Con una voluntad de acción férrea, vive sus sueños más que soñar.

En los ojos del león, aprendí a mirar la determinación arrasadora que tiñe la fuerza de voluntad.

*Ruge desde las entrañas
una verdad que emana del corazón.*

17   SIN PUENTE

A través del incomprensible encanto que tiene para ti visitar mi invierno, frío y nevado, apareces no sé ni de dónde, capaz de encontrarme en un paseo sobre las nieves, casi perdida entre el blanco y sólo con la brújula interna, cuando empezaba a preguntarme si sabría volver sobre mis pasos.

Aunque te acerques despacio y serena, es esa sonrisa de ojos, mezclada de admiración y esperanza, la que vislumbro primero.

Un viaje largo, ¿tantos segundos que tardé en llegar hasta aquí y qué pocos segundos tardaste en regresarme?

Me llevas a casa como si fuera la mía, pero sigo perdida en mi invierno, pues ni siquiera veo los puentes con tanto frío.

Divertida por mi confusión y con una taza caliente que dejas en mis manos, me haces pensar en para qué quiero puentes si las nieves trajeron caminos más cortos.

Cuando encuentro una respuesta ya no importa, porque leo en tu risa segura que no puedes perderme, no usamos puentes.

FIN

17

Índice